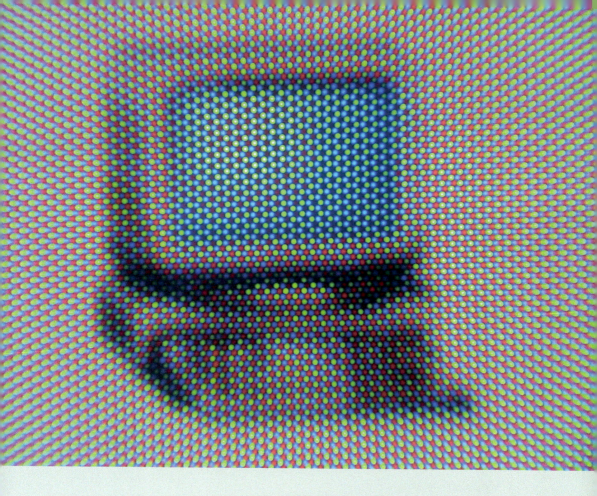

INTERNET UM MUNDO PARALELO

Luiz Zico Rocha Soares

MUNDO PARALELO

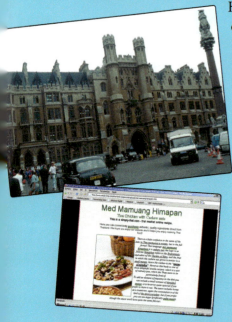

Hoje recebi um e-mail com as fotos da Catedral de Westminster. Foi enviado por um amigo que mora em Londres. Em retribuição, localizei seu apartamento num site de mapas, descobri que no mesmo quarteirão existe um restaurante de culinária tailandesa que aceita pedidos pela internet e entrega em domicílio e encomendei um Med Mamuang Chicken para o jantar. O prato aparece bem na foto, espero que o *curry* esteja apimentado como ele gosta. Já deixei pago.

Em vinte minutos, sem sair de casa, movimentei tudo isso.

Ao mesmo tempo, em milhares de regiões do mundo, milhões de pessoas conversaram, viram imagens, fizeram compras, visitaram museus, movimentaram bilhões de informações, tudo sem sair da frente de uma tela de 15 polegadas.

A catedral, meu amigo, o restaurante tailandês, o frango com *curry*, as pessoas, as lojas, os museus, tudo isso existe no mundo real e, com exceção, talvez, do frango com *curry*, mede mais do que 15 polegadas. No entanto, tudo pôde ser visto, tratado e resolvido por intermédio de textos, desenhos, fotos, filmes e sons (tão bem integrados), que não resta dúvida: a internet está traduzindo e espelhando cada coisa da Terra num "mundo virtual paralelo".

BIT – O ÁTOMO DA INFORMAÇÃO

Assim como o mundo real é todo feito de átomos, o mundo virtual também tem seu tijolinho básico: o bit. Toda informação que entra e sai do computador e que circula na internet é feita de bits. O bit é a menor unidade de informação e só pode assumir os valores 0 ou 1. A palavra vem de *binary digit*, ou seja, dígito binário.

IMAGENS DIGITAIS

As fotos e os desenhos que vemos na internet são chamados de *bitmaps* – ou seja, mapas de bits. Quando ampliamos muito uma dessas imagens, percebemos que ela é feita de quadradinhos coloridos, os *pixels* (do inglês, *picture element* – elemento de imagem). Cada quadradinho é a representação de um conjunto de 8, 16, 24 ou 32 bits, conforme a qualidade do colorido. O sistema de cor usado é o RGB (*red, green, blue* – vermelho, verde, azul). Essas três cores combinadas podem produzir de 256 (8 bits) até 16 milhões de cores (24 bits), que é o padrão atual dos computadores.

SOM DIGITAL

O computador não passa de uma calculadora de 0 e 1 que faz contas muito rapidamente (veja página 6). O som, numa definição simples, é uma onda contínua que se propaga em meios materiais (sólidos, líquidos e gasosos). Como é possível juntar essas duas ideias? Em outras palavras, como é possível traduzir uma onda contínua para o meio digital, que só entende "ligado/desligado"?

O primeiro passo é transformar o desenho da onda em uma escadinha que vai subindo e descendo. Depois é só medir a altura e a largura de cada degrau. Pronto, a onda virou uma sucessão de números que podem ser representados com os algarismos 0 (desligado) e 1 (ligado) e lidos facilmente por um computador. Quanto mais degraus usarmos para representar a curva da onda, melhor será a qualidade do som.

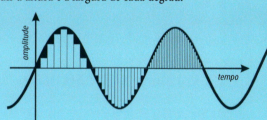

O QUE EXISTE NA INTERNET?

Informação e mais informação. Não importa a complexidade do que fazemos na internet, por trás de tudo existe uma lista muito grande de informações que, em último caso, podem ser traduzidas para 0 e 1. Falar com alguém que está no Canadá, ver essa pessoa pela webcam, receber as fotos digitais que ela acabou de enviar por e-mail etc. Tudo não passa de um fluxo de bits por segundo/*bps* – em quantidades enormes e que não param de crescer. Mas, ainda assim, tudo que transita na rede é imaterial.

COMPUTADOR
ONDE TUDO ACONTECE

O homem sempre usou o cérebro para criar ferramentas que aumentassem o alcance de seus membros e órgãos dos sentidos. Nada mais justo que usar o cérebro para criar uma ferramenta que aumentasse o alcance do próprio cérebro. Uma das funções do cérebro é fazer cálculos ou cômputos, daí o nome da tal ferramenta que o ajuda: computador. O que ele tem a ver com a internet? Tudo! Ele é o nó da rede, a caixa que guarda e processa as informações que caracterizam cada pessoa, cada empresa, cada endereço na internet. Ele funciona como porta de entrada, sala de estar, sala de aula, biblioteca, salão de jogos e escritório. Ao mesmo tempo é esta caixa de ferramentas e aparelhos que permite enviar, receber, ver e ouvir tudo o que foi devidamente preparado para compor o mundo virtual. Sem computadores, a rede seria uma malha morta.

AS MÁQUINAS DE CALCULAR

Cálculo quer dizer pedra, e foram elas, as pedras, as primeiras ferramentas de cálculo utilizadas pelo homem. As pedras – ou contas – eram associadas às coisas que estavam sendo contadas: um carneiro, uma pedrinha; dois carneiros, duas pedrinhas...

Por volta de 2400 a.C., as pedras foram postas ao longo de linhas e, já com um sistema mais complexo de uso, era criado o ábaco. Por mais de 3 mil anos as contas foram feitas arrastando-se as pedras pelas varetas do ábaco.

No século XVII, com a evolução da matemática, foram geradas as primeiras réguas de cálculo. No mesmo período, baseadas nas rodas e engrenagens de relógios, apareceram as primeiras máquinas mecânicas.

Uma grande invenção para a história dos computadores foi criada em 1801, quando o tecelão francês Joseph-Marie Jacquard usou um sistema com cartões perfurados para controlar o desenho dos tecidos.

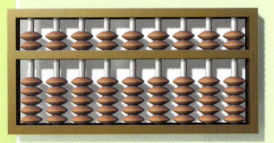

Ábaco

ENIAC

ENIAC – UM PIONEIRO

O ENIAC (*Electronic Numerical Integrator and Computer*), o primeiro computador eletrônico, entrou em operação em fevereiro de 1946. Pesava 27 toneladas e ocupava uma sala de 167m². Trazia dentro de seus painéis 18 mil válvulas. Fazia 50 mil cálculos por segundo. Sua programação era feita por intermédio de 6 mil chaves manuais, e os resultados eram apresentados por meio de um conjunto de luzes.

Em 1995, para a comemoração dos 50 anos do ENIAC, um grupo de estudantes da Universidade da Pensilvânia reproduziu todas as funções do pioneiro num chip que media 7,44 mm por 5,29 mm, o tamanho deste ponto: ■

A EVOLUÇÃO DAS MÁQUINAS ELETRÔNICAS

Transistores

Chip

Se hoje você pode entrar na internet, é porque nos últimos anos o computador deixou de ser uma máquina tão grande, tão cara e tão difícil de usar. Essa evolução passou pelas grandes máquinas a válvula do final dos anos 1940, pelas máquinas com transistores da década de 1950, pela criação do circuito integrado, os chips, nos anos 1960, e, finalmente, pelos equipamentos que utilizam circuitos de grande escala de integração de componentes. Resumindo: em menos de cinquenta anos, o computador evoluiu de uma máquina de 30 mil quilos que fazia 30 mil cálculos por segundo e custava milhões de dólares para uma máquina de dois quilos que faz 5 bilhões de cálculos ao preço de mil dólares. Os números acima são aproximados, mas o resultado dessa evolução é preciso: a possibilidade, concreta, de cada pessoa ter seu próprio computador, ou a realização da ideia do PC – *Personal Computer* (computador pessoal).

Em 1890, o engenheiro americano Herman Hollerith desenvolveu um sistema que utilizava cartões perfurados e máquinas eletromecânicas para totalizar os números do censo em tempo recorde – os dados de 62.622.250 pessoas foram computados em seis semanas. O censo de 1880 tinha levado sete anos para ser totalizado.

O sistema de Hollerith funcionou tão bem que, em 1896, ele acabou fundando a TMC – uma fábrica de máquinas de tabular. Em 1924, já sob nova direção, a fábrica adotaria o nome IBM.

Válvula

FALANDO COM O COMPUTADOR

Dissolva um tablete de fermento em um copo de água morna, adicione uma colher de sobremesa de açúcar e oito colheres de farinha de trigo, bata bem até formar uma papa homogênea… Assim começa uma receita de pão. Se a seguirmos passo a passo, até o último comando, teremos uma boa fornada para o lanche da tarde.

Assim também funcionam os programas de computador: uma lista de comandos que o computador lê, executa e, se não der nenhum "pau", o resultado é uma fornada de informações processadas: uma imagem na tela, um e-mail enviado, uma música nas caixas de som etc.

A receita de pão pode ser transmitida, escrita ou falada em bom português, e qualquer um de nós poderá interpretá-la. Mas e quando se trata de falar com um computador?!

Numa visão simplificada, o computador é um conjunto de componentes eletrônicos que entende duas situações: ligado (1) ou desligado (0), logo, para conversar com um computador, a linguagem utilizada deveria se basear nesses dois símbolos: 0 e 1. E foi assim, nessa base, também chamada de código de máquina, que as linguagens de computação começaram a se desenvolver.

A LINGUAGEM DE DOIS SÍMBOLOS

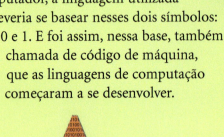

Numa linguagem que só usa os bits 0 e 1, como escrever o número 2, ou a letra A, ou qualquer outro símbolo do teclado?

A solução foi criar o byte, que é um conjunto de bits enfileirados. Combinando 0 e 1 num byte de 8 bits, podemos representar 256 símbolos diferentes.

Veja como fica a letra A: 01000001. E o número 2: 00110010. E o tão popular @: 01000000.

À primeira vista, parece complicado. Por que usar oito espaços para representar uma letra, quando ela caberia em um só espaço? A resposta a essa questão foi uma das grandes ideias que possibilitaram a existência do computador atual: para dar conta de um número enorme de informações, era necessário ter uma máquina muito rápida, tão rápida quanto a corrente elétrica, que só entende duas situações: ligada (1) ou desligada (0). Não foi à toa que por muito tempo o computador foi chamado de "cérebro eletrônico".

01000001 01000101 01001001 01001111 01010101

OLHA O NÍVEL DA LINGUAGEM!

Se para o computador fica fácil entender que acima está escrito **AEIOU**, para nós se torna praticamente impossível encontrar as letras no emaranhado de 0 e 1. Essa linguagem dirigida para a máquina é chamada de "linguagem de baixo nível" e apresenta muitas vantagens: produz programas muito pequenos e de leitura muito rápida.

Entretanto, escrever um programa usando 0 e 1 era uma tarefa desumana. Para melhorar a comunicação entre as duas pontas, começaram a ser criadas linguagens que traduziam blocos de *zeros* e *uns* para uma palavra (*token*) facilmente entendida pelo homem. No conjunto, essas palavras passavam a formar um vocabulário (código-fonte) com o qual era possível escrever um programa, quase como se estivesse escrevendo um texto normal. Essas linguagens, dirigidas ao homem, são chamadas de "linguagem de alto nível". As vantagens para nós são muito claras: passamos a escrever um programa sem perder cabelos numa tarefa de decifração de um mar de zeros e uns.

Voltemos a pensar na máquina. Como ela, que só entende ligado e desligado, vai ler as palavras? Simples: do mesmo modo como traduzimos 0 e 1 para uma linguagem de alto nível, criamos um programa que traduz as palavras para código de máquina. Esses programas são chamados de compiladores ou interpretadores. E foi assim que ficou estabelecida a comunicação entre homens e máquinas.

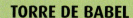

TORRE DE BABEL

Segundo a Bíblia, a origem das diversas línguas faladas no mundo teria sido um castigo de Deus, imposto aos homens que tentavam construir uma torre que chegasse ao Reino dos Céus. Com cada homem falando uma língua, não haveria entendimento necessário para terminar a obra.

O que diria a Bíblia das linguagens de programação listadas abaixo?

ABC • ADA • ADL • ALGOL 60 • ALGOL 68 • APPLESCRIPT • ASSEMBLY • AWK • BASIC • BEFUNGE • BIGWIG • BISTRO • BLUE • BRAINFUCK • C • C++ • C-SHARP • CAML • CECIL • CLARION • CLEAN • CLIPPER • COBOL • COBOLSCRIPT • COCOA • COMPILED • COMPONENT PASCAL • CONCURRENT • CONSTRAINT • CURL • D • DATABASE • DATABUS • DATAFLOW • DELPHI • DIRECTORIES • DOS • BATCH DYLAN • EDUCATION • EIFFEL • ELASTIC • EUPHORIA • FORTH • FORTRAN • FP • FRONTIER • FUNCTIONAL • GARBAGE COLLECTED • GOEDEL • HASKELL • HISTORY • HTML • HYPERCARD • ICON • IDL • IMPERATIVE • INTERCAL • INTERFACE • INTERPRETED • IO • JAVA • JAVASCRIPT • JOVIAL • LABVIEW • LAGOONA • LEDA • LIMBO • LISP • LOGIC-BASED • LOGO • LUA • MARKUP • MATHEMATICA • MERCURY • MIRANDA • MIVA • ML • MODULA-3 • MOTO • MULTIPARADIGM • MUMPS • NET • OBERON • OBFUSCATED • OBJECTIVE-C • OBJECTIVE CAML • OBLIQ • OCCAM • OPEN SOURCE • OZ • PARALLEL • PASCAL • PERL • PHP • PIKE • PL-SQL • PLIANT POP-11 • POSTSCRIPT • POWERBUILDER • PROCEDURAL • PROGRAPH • PROLOG • PROTEUS • PROTOTYPE-BASED • PYTHON • R • REBOL • REFLECTIVE • REGULAR EXPRESSIONS • REXX • RIGAL • RPG • RUBY • S-LANG • SATHER • SCHEME • SCRIPTING • SELF • SETL • SGML • SIMKIN • SIMULA • SISAL • SMALLTALK • SNOBOL • SPECIFICATION • SQL • SQUEAK • SYNCHRONOUS • T3X • TEMPO • TEX • TRAC • TRANSCRIPT • TURING • TURTLE • VBSCRIPT • VERILOG • VHDL • VISUAL • VISUAL BASIC • VISUAL FOXPRO • WATER...

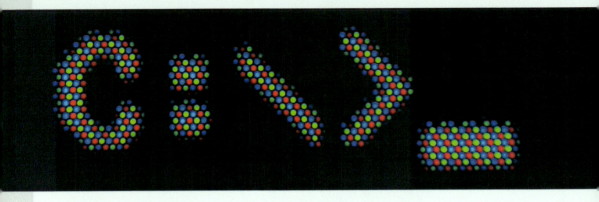

INTERFACE GRÁFICA
MEU AMIGO, O COMPUTADOR

Em 1984, quando um computador já cabia em uma mesa, seu preço também cabia no orçamento de um pequeno escritório e se anunciava sua condição de eletrodoméstico, havia ainda um sério impedimento à expansão de seu uso: depois de ligar a máquina, ela fazia uns barulhos, piscava umas luzes no painel, corria um texto na tela preta que finalmente parava com a indicação **C:**. A partir daí, era com você. Depois da barra invertida (\), você deveria usar o teclado para escrever os comandos do programa. Que comandos? Pois é, você tinha de ter os comandos na memória – era uma sequência de abracadabras

O PRIMEIRO MOUSE

Nos anos de 1963-1964, o engenheiro americano Doug Engelbart pesquisava uma série de inventos que facilitassem a entrada e a manipulação de dados nos computadores. Havia engenhocas acionadas pelo joelho, pelos pés e até pela ponta do nariz, mas a que se mostrou mais eficiente foi uma caixinha de madeira com duas rodas perpendiculares que ficavam encostadas à mesa. Ao movimentar a caixinha, as rodas giravam e determinavam a posição de um ponteiro na tela. Completando a geringonça, havia um botão no topo e um fio que saía da lateral da caixa e a ligava ao computador. A aparência lembrava um inseto, chegaram a chamá-la de *bug* (inseto, em inglês), mas o fio correndo por trás da caixa e o movimento de vai e vem, quando o dispositivo era usado, faziam-no mais parecido com um rato (*mouse*, em inglês). E foi esse o nome que vingou.

Posteriormente, quando a Xerox se pôs a desenvolver a primeira interface gráfica para computadores, um funcionário substituiu as duas rodas perpendiculares por uma bolinha.

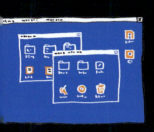 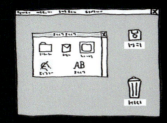 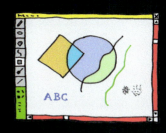

que ia abrindo as portas do programa. Para copiar um arquivo em um disquete, por exemplo, você teclava: **c:\documentos\ copy arquivo.txt a:**. Ah! E se errasse uma letra ou um espaço, o computador responderia secamente: **error**. Você que descobrisse o que estava errado. É, usar o computador não era para qualquer um.

O que mudou isso foi a implantação de uma ideia: a interface gráfica.

É ela que dá essa "cara" e esse "jeitão" que os computadores têm hoje, cujas características principais são as janelas, os menus, os ícones e o uso do mouse. Essa ideia, que havia sido desenvolvida no início dos anos 1970 pela empresa Xerox, só foi comercializada a partir de 1984, quando a Apple lançou o Macintosh, o primeiro computador com interface gráfica. A facilidade de uso era tão grande que não havia retorno. A partir de então, todo computador pessoal teve de adotar o que passou a ser chamado de interface amigável.

ÍCONES, MENUS, LINKS – ATALHOS E LIGAÇÕES

Ícones, menus e links não são invenções da informática. As cavernas apresentam ícones (imagens) de dezenas de milhares de anos. Um banquete oferecido em 1541 também já utilizava um menu (cardápio). Quando, num livro, o autor remete a uma nota de rodapé, temos aí um tipo de link (relação com o texto principal). O que torna esses elementos tão importantes para a informática é a combinação de velocidade e facilidade que eles trazem para o uso do computador.

Associados ao mouse, ícones, menus e links formam um painel mágico de sementes instantâneas que se abrem para a página ou para a função que escolhemos com um simples toque, ou melhor, com um simples clique.

TECENDO A REDE

Em 4 de outubro de 1957, a URSS surpreendeu os Estados Unidos e lançou o Sputnik – primeiro satélite artificial –, marcando os primeiros pontos na corrida ao espaço. A reação americana foi imediata: criou a ARPA, um centro de pesquisas avançadas, com a finalidade de aplicar as melhores tecnologias na defesa nacional. Centenas de cientistas, em vários laboratórios, passaram a trabalhar nos mesmos projetos; então, tornou-se evidente a necessidade de uma rede de comunicação eficaz, de preferência ligando também os computadores.

Em 1962, o cientista americano J. C. R. Licklider havia exposto a ideia de uma rede global de computadores, que permitisse ao usuário de um computador trocar informações com qualquer outro. A ideia foi adotada pela ARPA e, em 1969, a ARPA Net, primeira rede nos moldes da internet atual, interligava os computadores de quatro centros de pesquisas no Oeste americano. Estabelecida a rede, as experiências de uso logo começaram a surtir efeito. Em 1972, para facilitar a comunicação entre os cientistas, foi criado o serviço de e-mail: um sucesso!

Rapidamente, apareceram outras redes. Fossem para uso científico, militar ou administrativo, essas primeiras redes, por vários motivos, tinham sido pensadas e construídas para grupos fechados.

MOTOBOYS OU TRENS DE CARGA?

Uma ideia importante para a viabilização das redes foi o sistema de envio de mensagens chamado de "permuta de pacotes" (*packet switch*). Nesse sistema, uma mensagem é dividida em várias partes, cada parte recebe o endereço de chegada e o endereço de partida, como numa carta normal. Então cada pacote é despachado. Como não existe uma linha exclusiva ligando seu computador ao computador de chegada, cada pacote tomará o melhor caminho disponível no momento em que estiver viajando. Quando todos eles chegarem ao destino, a integridade dos pacotes é verificada, e a mensagem, recomposta.

Como consequência, embora duas redes quaisquer pudessem ser ligadas, havia poucas chances de elas se entenderem; em outras palavras, as mensagens se perdiam no caminho. A internet estava saindo do rumo. Então, em 1973, começou a ser criado um conjunto de regras para controlar e garantir a transmissão de mensagens. Esse pacote, chamado de TCP/IP, passou a ser testado com sucesso em várias redes e, em 1.º de janeiro de 1983, foi adotado como *protocolo* padrão para todas as redes. Assim, a ideia original da internet, uma rede de redes, foi concretizada.

ANDANDO EM QUALQUER ESTRADA

Outro motivo para a explosão da internet é sua independência em relação ao meio físico que é utilizado para o transporte dos pacotes de informação. Pode ser feito pelo cabo de cobre (telefone), cabo coaxial (TV a cabo), fibra ótica, cabos elétricos e mesmo por ondas de rádio (Wi-Fi e satélite); basta existir uma linha de comunicação que permita o tráfego de mão dupla (sinal que vai e sinal que vem), e a internet funcionará. É uma espécie de jipe dos sistemas de comunicação, pois anda em qualquer tipo de estrada.

PROTOCOLOS DA INTERNET – TCP/IP

A cena é comum: uma criança pede "me dá essa coisa", e a mãe replica "você está esquecendo a *palavrinha mágica*…"
Protocolo é isso: o uso da palavra mágica. Em outras palavras: são regras e modos a ser adotados para que uma ação seja bem-sucedida. Na internet, isso significa organizar os pacotes de informação – não importa o conteúdo – de modo que eles saiam de um lugar e cheguem a outro – não importa por quais estradas – sem sofrer danos.
A propósito, TCP/IP é de *Transmission Control Protocol/ Internet Protocol* (Protocolo de Controle de Transmissão/ Protocolo da Internet).

OS SERVIÇOS DA INTERNET
(A SEU SERVIÇO)

A melhor definição para internet é: uma rede de redes. A parte física da rede é composta por cabos, satélites, radiotransmissores, roteadores (espécie de guardas de trânsito que controlam o fluxo das mensagens), modems, computadores e outras tantas "caixas-pretas". O controle da movimentação de dados é feito por programas, chamados protocolos (além do já citado TCP/IP, existem dezenas de outros). Quando entramos na internet, porém, nada disso, cabos e protocolos, nos interessa. Basta que funcionem!

O que chama as pessoas para a internet são seus serviços: redes sociais, correio eletrônico (e-mail), acesso remoto a outro computador (Telnet), transferência de arquivos (FTP), boletins eletrônicos (*news* ou grupos de notícias), bate-papo (*chat*), a Web (WWW), mensagens instantâneas (ICQ, MSN), blogs, telefonia via internet (Voip) etc.

O curioso é que mesmo os cientistas que trabalhavam na criação da internet se surpreenderam com a versatilidade dos serviços; achavam que só estavam resolvendo problemas de laboratórios, mas o que viram foi uma rápida e crescente adoção dos serviços por parte de empresas e pessoas de todo tipo. O e-mail, nos anos 1980, e a Web, a partir de 1995, são dois exemplos da popularização desses serviços.

Ainda hoje, com o contínuo aprimoramento de equipamentos, programas e serviços, a internet vem surpreendendo até mesmo os internautas mais experientes. O que virá por aí? Quem conectar verá.

12

CURIOSIDADE SOBRE O E-MAIL

Em inglês, o nome do símbolo @ é "at", o mesmo da preposição que designa o lugar em que uma coisa está. Assim, fica claro quando se lê que um e-mail foi enviado para fulano "em" tal domínio. Para a língua portuguesa (e tantas outras), sobrou esta construção esquisita: fulano "arroba" tal domínio.

No endereço de e-mail, a parte que vem antes do @ chama-se conta ou usuário; a que vem depois chama-se domínio. O domínio é composto por blocos separados por pontos, normalmente assim: *nome da organização . o tipo de organização . país onde ela está*.

Exemplo: ana@editoramelhoramentos.com.br

Os tipos de organização mais comuns são: com (comercial), org (sem fins lucrativos), gov (governamental) e edu (educacional); mas há códigos menos comuns como: ato (ator), mus (músico), e até nom, para pessoas que não são empresas.

MAIS CURIOSIDADES SOBRE O E-MAIL

QWERTYUIOP.
Esse era o conteúdo do primeiro e-mail enviado. Não precisa quebrar a cabeça para decifrar a mensagem: era só um teste para ver se o sistema funcionava, por isso o cientista simplesmente apertou as teclas de uma das linhas do teclado, que, aliás, veja no seu teclado, mantém a mesma disposição das teclas das primeiras máquinas de escrever, desde 1874.

TELNET – O TELECOMPUTADOR

Morando no Brasil, que tamanho deveriam ter meus braços para trabalhar em um computador que está na Austrália? O tamanho normal. Basta sentar-me à mesa com um computador ligado à internet e usar o serviço Telnet. O Telnet permite estabelecer uma ligação com outro computador em qualquer lugar do mundo e trabalhar nele como se ele estivesse na sua mesa.

TRANSFERÊNCIA DE ARQUIVOS – FAZENDO A FEIRA

Encontre a palavra *download* (baixar) e saia enchendo a sacola: programas, músicas, imagens, textos, filmes, jogos etc. Uma verdadeira feira de amostras grátis. É assim que muitos usuários encaram a internet. Mas não os julguemos interesseiros, pois geralmente os que baixam muitos arquivos também fazem boa distribuição deles. E por aí se percebe como a transferência de arquivos, seja de anexos em e-mails (usando os protocolos POP e SMTP), seja mediante *downloads* na Web (protocolo HTTP), seja pelo FTP (protocolo especializado para transferência de arquivos), é um dos serviços mais importantes na internet.

UMA TEIA
DO TAMANHO DO MUNDO

A Wide World Web, WWW, W3 ou simplesmente Web é o mais vistoso e difundido serviço da internet, e muitas vezes é confundido com a própria internet.

A ideia da Web surgiu em 1989, quando o físico britânico Tim Berners-Lee estudava uma forma de facilitar o compartilhamento de documentos de pesquisa com seus colegas no CERN (Centro Europeu de Pesquisa Nuclear), na Suíça. O ponto de partida de Tim era o conceito de *hipertexto*: um sistema de textos interligados por referências cruzadas (mais tarde, o conceito se expandiu para outros meios, como imagens e sons, e passou a ser denominado *hipermídia*). Desse estudo saíram duas ideias fundamentais para a WWW: o URL e o HTML. Ou, em palavras expandidas, o *Uniform Resource Locator* – um sistema de endereçamento das páginas – e o *Hyper Text Markup Language* – uma linguagem de programação que permite desenhar e interligar as páginas da Web. Para ver se isso tudo funcionava, em dezembro de 1991 foi desenvolvido o primeiro browser (o programa navegador da internet), cujo nome era "Wide World Web".

Resumindo a história: as ideias de Tim funcionaram. Rapidamente os sites se multiplicaram, os browsers foram aperfeiçoados e, em 1995, com o lançamento do Netscape Navigator, a Web foi parar nas telas de computadores, nas capas de revistas e na boca de todo o mundo.

Há, ainda, um gesto digno de nota nessa história: em 30 de abril de 1993, o CERN liberou o uso do World Wide Web, sem taxas, *royalties* etc., para o mundo todo. O todos agradecemos.

O PRIMEIRO WEBSITE

O primeiro site da Web entrou no ar em 6 de agosto de 1991 e foi criado pelo próprio Berners-Lee, quando precisou de um site para testar seu browser. O endereço era *http://info.cern.ch/* e o conteúdo, obviamente, falava sobre a Wide World Web. Atualmente esse site pode ser visto no endereço *http://www.w3.org/History/19921103-hypertext/hypertext/www/TheProject.html*

POR FAVOR, VOCÊ SABE ONDE FICA A PÁGINA HTTP://WWW.SITE.COM.BR/PASTA1/TAL.HTM?

Toda página da Web tem um endereço exclusivo, o URL, ou *Uniform Resource Locator*. Um URL tem a seguinte estrutura:

protocolo//	máquina/domínio	/caminho	/arquivo
http//	www.site.com.br	/pasta	/tal.html

O protocolo mais comum é o http.

A máquina é o computador-servidor, que guarda todos os elementos que compõem um site, geralmente em uma estrutura de pastas semelhante à organização dos arquivos de qualquer computador.

O "caminho" mostra em que pasta se encontra a página.

E o "arquivo" é o nome da página que está sendo procurada.

DNS – NOME DE MÁQUINA QUE A GENTE ENTENDE

Todo computador ligado à rede é identificado por um número do tipo 123.45.234.456, também chamado IP. Para facilitar a vida da gente, criou-se o DNS, um sistema que substitui os números por um domínio – uma estrutura de palavras como *site.com.br* –, que fica mais fácil de ser lembrado do que os blocos de números.

POR TRÁS DA PÁGINA

A maior parte das páginas que você encontra na Web tem por trás uma "receita" escrita em HTML (*Hyper Text Markup Language*), uma linguagem que utiliza etiquetas (*tags*) no início e no final dos blocos de informação. Essas etiquetas determinam a formatação dos textos, a construção da estrutura da página (tabelas), a posição de imagens e estabelece as ligações (links) com outras páginas da Web, que podem estar no mesmo site ou em qualquer outro endereço.

A tabela ao lado, por exemplo, poderia ser escrita com o seguinte código HTML:

Por trás
desta tabela
existe um HTML

```
<table width= 500 border=2 bordercolor=#ffffff cellpadding=15><tr><td align=center bgcolor
=#336699><font face="verdana" size="7" color="#ffffff">Por trás</font></td></tr><tr><td
align=center bgcolor=#99ccff><font face="verdana" size="6" color="#ffffff"> <b>desta tabela
</b></font></td></tr> <tr><td align=center bgcolor=#ff6633><font face="verdana" size="5"
color="#ffffff"><i>existe um HTML</i></font></td></tr></table>
```

POVOANDO A WEB

Ao navegar pela Web, não é raro chamar uma página e encontrar o recado "Desculpe-nos pelo transtorno. Página em construção", muitas vezes ilustrada com a animação de um homenzinho marretando ou um tratorzinho juntando terra. Para nossa sorte, a construção de uma página de internet é muito mais silenciosa. Se não fosse assim, ninguém teria dormido desde 1995, pois é dessa data que as páginas da Web vêm sendo construídas, bit por bit num *design* lógico, numa intensidade crescente. Em agosto de 2001 eram 1.300.000.000 páginas; em agosto de 2005, chegamos à casa dos 20.000.000.000.

E, por falar em casa, o mundo virtual traz uma grande vantagem: qualquer um pode realizar o sonho do site próprio (ainda que tenha de morar num blog). Coisas do mundo virtual.

Desculpe-nos pelo transt
Página em construção

COMO TER UM SITE

Para ter um site, você deve…
Escolher o nome do site, verificar com o órgão que administra os sites (no Brasil é a Fapesp) se o nome ainda não tem dono. Registrar esse nome. Ele será seu endereço, ou domínio. O próximo passo é providenciar e digitalizar todo o material que será mostrado nas páginas do site: digitar os textos, escanear imagens etc. Muito cuidado com esse material, também chamado de conteúdo do site: ele será você, ou sua empresa, no Mundo Digital. Em seguida, o conteúdo será organizado e traduzido para uma linguagem que possa ser interpretada pelo browser (HTML, PHP, ASP…). Agora é só escolher o local, ou provedor, onde as páginas do seu site (textos, fotos, filmes…) ficarão hospedadas e poderão ser visitadas. Ah! Não se esqueça de avisar seus amigos e quem mais você quiser que você tem um site e o endereço é *www.seu_nome.com.br*.

BUSCADORES DE AGULHAS NO PALHEIRO

Com bilhões de páginas à disposição, a internet seria o melhor lugar para escondermos um documento. Agora, se pensarmos que um dos motivos para a criação da rede foi facilitar o compartilhamento de documentos, torna-se claro o papel dos programas buscadores. De fato, desde 1993, antes ainda da explosão comercial da internet, eles vêm sendo desenvolvidos e aprimorados. Entre os mais usados atualmente estão o Google, o Yahoo e o MSN Searcher. Numa visão simplificada, um buscador pode ser comparado a uma caixa de ferramentas: primeiro vem o *web crawler*, espécie de "aranha", programada para andar pela rede e recolher informações sobre as páginas; posteriormente, todo o material recolhido pela "aranha" é organizado num "índice", uma grande tabela com informações sobre as páginas; há ainda o "painel de busca", no qual o usuário insere as palavras que vão ser procuradas no índice; finalmente, o buscador apresenta a "lista de endereços" encontrados. É só clicar e conferir.

VEJA COMO SE FAZ

Um fator que ajudou na rápida expansão da Web foi a transparência do seu funcionamento. Qualquer informação sobre como fazer um documento (páginas, sites) pode ser encontrada na própria internet. Uma página qualquer, no exato instante em que está sendo vista no browser, mostra também o código (programação) que a define. Na próxima vez que estiver navegando, procure o código de algumas páginas (No Internet Explorer: Exibir – Código Fonte. No Mozilla Firefox: Ver – Código Fonte da Página).

TÚNEL DO TEMPO

The Wayback Machine? Não pense que essa máquina, na verdade um site, vai levá-lo à Roma antiga, à final da Copa da Suécia, nem mesmo ao muro que caía em Berlim. A viagem é no tempo, mas no tempo da Web. Entre no endereço abaixo, escolha um site e veja as caras que ele teve desde sua infância, que, no caso dos mais velhos, vai voltar ao ano de 1996.
http://www.archive.org/web/web.php.

WEBSITES

Um website pode ser definido como o conjunto de páginas – com textos, imagens, sons – que caracteriza uma pessoa, uma empresa, uma organização, uma ideia… Pode abranger objetivos tão variados como o comércio de qualquer coisa, prestação de serviços bancários, formação de comunidades mundo afora, divulgação de notícias… A lista é imensa. É por lidar com situações tão diferentes que não se pode falar de apenas *um* projeto, *uma* solução para sites. É importante levar em conta a finalidade de um site e desenhá-lo para atender a essa finalidade. A boa solução pode ser um site em branco e preto e leve ou uma coleção de parafernálias coloridas e piscantes. Lembrando, ainda, que um site é uma peça de comunicação, deve-se levar em conta quem (empresa, por exemplo) está falando com quem (internauta), respeitar as características de todos e evitar os ruídos que possam atrapalhar a boa comunicação. Alguns cuidados são básicos e devem ser tomados na solução de qualquer site: evitar páginas com imagens e animações pesadas, que demoram para ser baixadas, e construir uma navegação clara e objetiva, que facilite a busca por informações. O internauta tem mais o que fazer; se ele percebe que um site é lento e confuso, aciona os motores e já começa a navegar em outros mares.

TRÊS CLIQUES PARA O TESOURO

Um site pode ser comparado com um conjunto de caixinhas guardadas dentro de caixas, que estão guardadas dentro de caixas maiores, e assim sucessivamente, até chegarmos ao caixotão, que é a página de abertura do site, que não por acaso se chama *index* (ou índice,

O SITE TEM A CARA DO DONO

Há um fato curioso na Web. Os sites empresariais costumam ter, em formato digital, o mesmo jeitão que a empresa tem no mundo real. Empresa bagunçada, site bagunçado; empresa sisuda, site sisudo. Faça uns testes. Eleja algumas empresas e lojas cujas fachadas você conhece e visite seus sites. Em blogs e sites pessoais, ocorre o mesmo. No fim, a gente conclui que tanto o virtual como o real acabam tendo mesmo é a cara do dono.

E O VENCEDOR É...

Com tantos sites sendo desenhados e tanto apuro na busca da melhor forma para um site, não poderiam faltar os concursos para premiar os melhores. O **iBEST** (criado em 1995 no Brasil) e o **Webby Award**s (criado em 1996 nos Estados Unidos) premiam anualmente os melhores sites em várias categorias óbvias, como música, TV, e em outras não tão óbvias, como espiritualidade e estranheza.

Para conferir o gosto da **Webby** e do **iBEST**, visite os sites *http://www.webbyawards.com* e *http://www.premioibrst.com.br*.

LABIRINTOS

O pior que pode acontecer a um site que busca objetividade na comunicação é tornar-se um labirinto. O problema pode ocorrer por vários motivos: conteúdo mal organizado, navegação mal projetada, sinalização precária e outros empecilhos. Uma boa solução para isso é o velho e bom mapa do site. Em desenho ou em texto, é uma estrutura de árvore, que parte da primeira página e vai se ramificando em grupos de páginas com conteúdo afim, até chegar aos links mais longínquos. Se o mapa for bom, basta uma olhada, um clique, e você achou a saída. (Ou será a entrada?)

e essa deveria ser a função da página). Navegar por um site não é mais que cutucar uma caixa, esperar que ela se abra e avaliar seu conteúdo. Um internauta pode passar um tempão abrindo caixas sem saber exatamente o que está procurando. É nessa hora que uma boa sinalização e uma boa navegação poderão ajudá-lo a encontrar algo interessante.

Algumas regras valem para montar uma boa navegação. Usar palavras objetivas nos menus, agrupar conteúdos afins e organizá-los numa hierarquia equilibrada. Evitar menus muito extensos e caminhos com muitos cliques. Alguns conhecedores da WWW dizem que não se deve dar mais do que três cliques para chegar ao tesouro. Eu aceito cinco. E você, até onde vai sua paciência?

COMUNICAÇÃO

Se examinarmos a palavra "comunicar", um dos significados que vai aparecer é "tornar algo comum". Agora, examinamos só mais uma palavra: "comum". Daqui sairão pelo menos dois significados que merecem comentário: o primeiro é de algo vulgar, ordinário – uma ideia negativa que deixaremos de lado, por enquanto; o segundo é de algo que pertence a todos. É essa a ideia que nos interessa agora. O que ela tem a ver com a internet? Vamos inverter a pergunta: O que a internet tem a ver com tornar algo comum a todos? A resposta é: tudo. Ela foi pensada e construída para esse fim. O que não se imaginava é que ela viria a ser tão abrangente, tão… tão… – já que usamos a palavra, vamos usá-la de novo: tão comum.

Outra evidência da relação entre internet e comunicação é o fato de rapidamente todos os meios convencionais de comunicação terem se adaptado ao novo meio – a internet. A razão é simples: a internet vai mais longe e, em muitos casos, é mais rápida ou custa menos que qualquer outro meio.

Jornais, revistas, cartas, recados, bilhetes, textos em geral, fotografias, desenhos, pinturas, filmes, imagens em geral, músicas, discursos, falas, ruídos e sons em geral: tudo pode ser transmitido, em formato digital, pela rede. Até sinais de fumaça, com uma webcam bem localizada, dariam seu recado.

Até aqui, em nenhum momento se falou da qualidade do conteúdo. E é nesse momento que o outro significado da palavra "comum", o de coisa vulgar e ordinária, acaba entrando em cena. Diferentemente de outros meios centralizados e controlados, a internet está aberta

CORREIO X CONVERSA

O e-mail foi desde o início um grande avanço para a comunicação, mas tinha um problema sério: você mandava um recado e tinha de esperar que o outro abrisse o programa e tomasse o impulso de responder. Afinal, o sistema reproduzia, via internet, o padrão de comunicação das cartas de correio; e cartas têm seu tempo próprio. A conversa direta continuava dependendo do telefone ou de um encontro com o outro. Mais uma vez a internet mostrou sua eficiência: no final de 1996, era criado o ICQ, o primeiro programa de mensagem instantânea (veja, na página 27, "A hora de [muitas horas] do recreio").

A partir de então, você pode encontrar e conversar com a turma no mundo virtual, porém em tempo real.

caixa de comunicação

para mostrar tudo – do que é excelente ao que é execrável, passando, é claro, pelo vulgar e ordinário. Se fosse um restaurante, seria o mais variado e maior "por quilo" que se pode imaginar: cada um que faça seu prato e cuide de ter uma boa digestão.

VoIP – TELEFONIA SEM TELEFONE

Voice over Internet Protocol (voz sobre IP, ou voz pela internet). A ideia é simples: usar a rede de computadores, já instalada, para transmissão de voz. Nos programas de VoIP (Skype, VoxFone, Voipwebfone), a voz é transformada em sinal digital (bits) e vira apenas mais um pacote de informação andando pela internet (veja páginas 10-11, "Tecendo a rede"). Assim, você fala ao microfone do seu computador, a voz é digitalizada e corre pela rede até o outro computador, onde quer que ele esteja; lá, o sinal digital é transformado em som na caixa.

Lembre-se de que a conexão à internet tem custo. Portanto, uma vez que a conexão está paga, podemos usá-la também para telefonar.

TV E RÁDIO NA INTERNET

Arquivos de som e imagem são pesados, isto é, têm muitos bytes de informação e, por isso, tomam mais tempo para ser transmitidos pela rede. Com conexões mais lentas, torna-se praticamente impossível falar de rádio e TV na internet – a menos que você tenha muita paciência para esperar o arquivo baixar por inteiro e fique satisfeito com uma imagem pequena e distorcida. Contudo, dois fatores estão mudando essa situação: o uso da banda larga e o *streaming*, um aprimoramento dos programas de transmissão que permite ir saboreando o arquivo (música ou vídeo) à medida que ele vai sendo carregado. Se a conexão for suficientemente rápida, você assiste enquanto espera e, assim, nem percebe que esperou para assistir.

PESQUISA NA INTERNET:
PESCA OCEÂNICA

Antes da escrita, todo o conhecimento dependia de um ser vivo para ser armazenado e transmitido oralmente. Alguns homens sábios se encarregavam disso. A escrita permitiu fixar o conhecimento em objetos alheios ao nosso próprio corpo: tábuas de argila, pergaminhos, papiros, livros etc. Com isso, o homem se viu livre para esquecer um conhecimento e buscar outro. A ideia do livro era tão boa (e ainda é) que levou à invenção da prensa: uma multiplicadora de livros. Sempre acompanhado de livros, o homem ocupou todo o planeta, fundou cidades e bibliotecas, expandiu o conhecimento. Um bocado desse conhecimento criou o computador, que permitiu concentrar *todo* o conhecimento contido em uma biblioteca inteira e transformá-lo em um mar de informações rapidamente acessíveis. Finalmente, a internet cavou os canais que acabaram por fundir todos os mares em um só oceano, com as ondas de informações a quebrar nas telas dos computadores; esse oceano pode estar na sua mesa de estudo. Se você tem fome de conhecimento, terá de pescá-lo. Com vara, arpão ou usando a rede.

COPIAR E COLAR NÃO É ESTUDAR

Uma ligação na internet, assim como um monte de livros na estante, só se transformará em conhecimento se você usá-la de forma inteligente; e isso representa: *ler* com atenção, *comparar* informações, exercer a *crítica* em relação às

22

ENCICLOPÉDIAS ONLINE

As primeiras enciclopédias eram preparadas, ainda na Antiguidade, por poucos homens que "sabiam tudo". O objetivo era organizar e reunir, em um só corpo, todo o conhecimento humano. Com o tempo, a especialização e o aprofundamento das várias áreas do conhecimento exigiram também uma divisão no trabalho de escrever e manter novas enciclopédias. Enciclopédias no plural, porque o cérebro de uma só pessoa não tinha mais condições de conter todo o conhecimento de tantas áreas diferentes. Ninguém mais tinha condições de saber tudo.

Hoje temos a internet, que, ainda que não tenha sido projetada para isso, acabou se transformando na melhor enciclopédia que se pode imaginar. Não tanto pela quantidade e qualidade de informação, mas pelas características da própria rede: os *buscadores* nos levam rapidamente até a informação; o *hiperlink* possibilita o cruzamento rápido de informações; qualquer informação pode ser atualizada instantaneamente – morre um rei e dali a alguns minutos o verbete já traz data e local da morte; e a natureza *imaterial* da internet também ajuda bastante: imagine o custo de reimprimir toda a informação que a internet contém só porque o rei morreu!

SABER, CONHECER, INFORMAR-SE, TER ACESSO À INFORMAÇÃO

Com o aparecimento da escrita, alguns sábios temeram que o conhecimento, que antes estava vivo na cabeça, viria a morrer, esquecido nas páginas de um livro. Com a expansão dos meios de comunicação e a consequente chuva de informações, alguns sábios temeram que o conhecimento, que antes se encontrava impresso em livros sólidos, viria a degenerar-se em papel de embrulhar peixe e ondas espalhadas no espaço. Com a explosão da internet e a extrema facilidade de encontrar uma informação, alguns sábios temem que tudo acabe em desinteresse. A história tem mostrado que outros sábios aprendem a usar as novas tecnologias, e o conhecimento não parou de crescer até hoje.

informações, tirar sua própria conclusão e *escrevê-la*.

De outro modo, navegar pela internet copiando e colando conteúdo de páginas será tão produtivo quanto passear pelos corredores de uma biblioteca lendo lombadas de livros; e colecionar recortes de páginas e endereços de sites trará tanto conhecimento quanto colecionar bolinhas de gude...

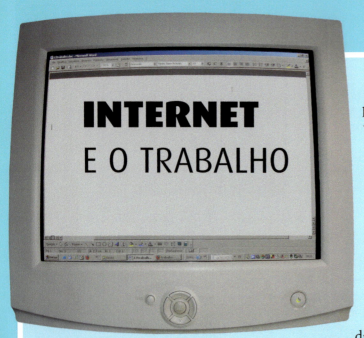

INTERNET
E O TRABALHO

Durante os últimos meses, passei todo o tempo pesquisando histórias e procurando imagens que me ajudassem a contar isso tudo que está escrito nas páginas deste livro – que agora você tem nas mãos. Alguns capítulos deram muito trabalho, pois as informações sobre o tema abordado eram muitas e nem sempre diziam a mesma coisa. Para conseguir a informação mais precisa e confiável, acabei recorrendo muitas vezes aos trabalhos originais, escritos pelos próprios criadores de algumas das ideias que deram origem à internet; outras vezes encontrei arquivos recém-publicados desses mesmos autores (essa é uma característica de escrever sobre algo tão recente – a argila ainda

QUANDO INFORMAÇÃO É TRABALHO (OU VICE-VERSA)

O trabalho é um dos principais elementos de ligação entre as pessoas. No mundo de terra, carne e osso é possível imaginarmos uma rede feita de "fios" de trabalho interligando as pessoas. O produto dessa rede pode ser material, como pães e aviões, ou imaterial, como ideias e informações. A informática traduziu o grupo de ideias e informações para bits; posteriormente a internet restabeleceu as ligações entre as informações, inclusive as ligações de trabalho. No mundo feito de bits, há tanto trabalho a ser feito quanto no mundo real, a começar pelo trabalho de construir e manter em funcionamento a própria internet, seguindo para todas as áreas em que informação é produto, incluindo padarias (receitas) e fábricas de avião (projetos). Hoje é difícil citar uma área de trabalho que não receba algum apoio dos serviços da internet. Se você se lembrar de alguma, aí pode estar uma excelente oportunidade de ganhar dinheiro. Mãos à obra!

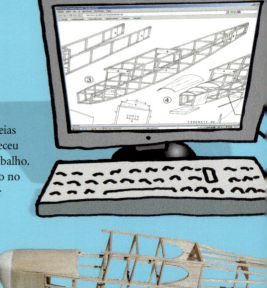

não secou e os autores continuam modelando). Alguns artigos, muito técnicos, me puseram horas pendurado nas conversas instantâneas, principalmente no telefone via computador, com amigos que me esclareceram dúvidas. Outras tantas horas foram destinadas a preparar e ler os e-mails trocados com a editora (mais ou menos uns duzentos), até o texto chegar à forma que tem hoje; e mais horas, até as imagens, garimpadas entre milhões de imagens, ser encontradas e negociadas com seus autores mundo afora.

Ao fim de alguns meses, dois capítulos continuavam apenas no título. Um deles era: "Internet e o trabalho". Nada me ocorria sobre o tema. Até que alguém me perguntou: "O que você anda fazendo?". E minha resposta foi imediata: "Tenho trabalhado direto na internet, pesquisando e organizando o material para um livro… E, se você me dá licença, tenho um capítulo para escrever".

Pois é: este livro é um exemplo palpável de trabalho feito com os recursos impalpáveis da internet.

OS CONSTRUTORES DA INTERNET

Fazer a internet dá trabalho. Já se falou bastante, neste livro, do trabalho dos cientistas, técnicos e programadores, pioneiros criadores dos serviços que compõem a rede. Falta falar um pouco dos profissionais que mantêm a roda rodando, ou seja, os construtores de sites – webmasters, webdesigners, programadores – e os responsáveis pelo conteúdo dos sites – jornalistas, escritores, publicitários, desenhistas, ilustradores, fotógrafos, músicos e todo aquele que, em algum momento, traduziu suas ideias e atividades em informações que foram parar numa página da internet.

ENTRETENIMENTO

"Muito trabalho sem diversão faz da gente um bobão". Essa é uma tradução livre da frase com que Jack, o personagem do filme *O Iluminado* (1980), preenche um livro inteiro, ao longo de meses de trabalho. Mesmo sem ver o filme, qualquer pessoa, hoje em dia, deduziria que Jack não tinha a internet à sua disposição. Sabemos que é impossível transitar pela internet sem deparar com algum tipo de diversão. As mães e os pais acham que tem até demais. Jogos, música, bate-papo, desenho animado, namoro, curiosidades; para os mais cultos, literatura, museus e mais curiosidades. Enfim, para quem tem de trabalhar na internet, o verdadeiro risco é perder-se na diversão (e virar um bobão).

JOGOS

Não me lembro de ter lido algo a respeito, mas posso apostar que junto com o primeiro computador apareceu o primeiro joguinho para computador. Provavelmente era tão cerebral que, hoje em dia, pareceria mais com um exercício de matemática que com uma peça de diversão. O fato é que jogos têm tramas (regras, enredos), e computadores são excelentes simuladores de tramas; logo, com a evolução de um veio a evolução do outro. Se nos anos 1990 você congelasse por um instante todos os computadores ligados, provavelmente a maioria das telas mostraria algum jogo em andamento: paciência, tétris, campo minado, e muitos outros nos quais você enfrentava o computador.

O que a internet acrescentou a isso foi a possibilidade de reunir pessoas em torno de um mesmo jogo. Não como antigamente, quando um grupo se reunia em volta de uma mesa, com um tabuleiro aberto ou um baralho distribuído, mas nos moldes da rede de computadores, cada um na frente de sua tela, enfrentando exércitos, brincando de bandido e mocinho ou construindo mundos fantásticos. Cada um na sua casa, ou todos "reunidos" nas lan houses, por horas e horas e horas... Mas, pense bem, você não acha que já está exagerando?!

MÚSICA

Em 1999, a grande notícia do mundo virtual foi a criação do Napster, um programa que facilitava o compartilhamento de músicas no formato MP3 entre os usuários da rede. No ano seguinte, a febre de baixar e colecionar músicas trouxe duas consequências: congestionou muitas linhas de conexão e levou a indústria de discos a entrar com uma ação na Justiça. Depois de muita discussão, o Napster teve de sair do ar. Mas não havia retorno, a trilha já era uma "avenida", a prática já estava estabelecida e a internet se tornou o maior palco da música mundial. De lambuja, há o fato de a internet não ter "dono"; se você, além de ouvir, compõe músicas e quer mostrar seus dotes musicais, a internet é o canal.

A HORA (DE MUITAS HORAS) DO RECREIO

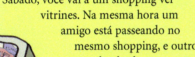

Sábado, você vai a um shopping ver vitrines. Na mesma hora um amigo está passeando no mesmo shopping, e outro acaba de chegar, e outro sai do cinema, e mais outro, e outro... Segunda-feira, no intervalo das aulas, vocês descobrem que estiveram no mesmo lugar, na mesma hora e não se encontraram. Assim era a internet em 1996. Em meados daquele ano, a Mirabilis, uma empresa israelense, percebeu essa situação e pôs-se a desenvolver um programa que sinalizaria quem, da sua lista de amigos, estava online e permitiria a troca de mensagens instantâneas entre você e as pessoas da lista. No final de 1996, era lançado o ICQ (com pronúncia igual à frase em inglês *I seek you* – eu procuro você), o primeiro programa de mensagem instantânea na internet.

Agora se podia falar, ou melhor, teclar pelos cotovelos e manter conversas instantâneas e simultâneas com toda a turma online. E foi assim que a hora do recreio, ou o happy hour, acabou se estendendo para outras horas do dia. O que você quer mais? O mundo a seus pés? http://earth.google.com/

COISAS DO MUNDO VIRTUAL

Emoticons, diários pessoais e a gíria das salas de bate-papo não são propriamente ideias novas, mas, adaptadas para a internet, ganharam a força de um manifesto revolucionário. Não exageremos. São apenas ideias e recursos que se tornaram muito úteis para o novo ambiente e por isso ganharam fama (boa ou má) exagerada.

Neste capítulo, que trata de coisas muito características da internet, eu acabei fazendo algo perigoso: indiquei alguns links. Então, já faço a advertência: se, ao chamar um desses endereços, você der com a cara na tela, isso é apenas mais uma característica da internet – os sites vêm e vão com muita rapidez, eles ainda estão mais para folhas soltas que para árvores bem arraigadas e, conforme o vento, eles desaparecem. Se isso acontecer, resta sempre a possibilidade de usar um buscador.

EMOTICONS

Emoticons são ícones que demonstram a *emoção* de quem está escrevendo **:-)**
O curioso é que não existe nada de novo nos elementos que compõem um *emoticon* **:-o**
Tanto as emoções como os símbolos gráficos usados (dois pontos, hífen, parênteses…) sempre estiveram presentes em muitos gêneros literários **;-)**
Veja se os *emoticons* não cairiam bem em frases como:
– Vamos de novo na montanha-russa! – sugeri alegremente.
– Impossível. Nosso dinheiro acabou – ele respondeu com tristeza.
Por que será que os escritores nunca usaram esse recurso?
Gutemberg, que inventou a prensa, já poderia ter demonstrado sua alegria pelo seu sucesso, usando um **:-)** feito com tipos móveis.
O fato é que foi na internet que os *emoticons* se popularizaram.
Alguém saberia responder por quê? Pressa? Preguiça? Presença?
Aí vão alguns *emoticons*:
Gente:
 :-) feliz :-(triste ;-) piscadela :-I indiferente
 B-) de óculos :-P língua de fora :-@ gritando :-O surpreso
Animais:
 :@) porco 3:-O vaca ~:> galinha <*)) >=< peixe (=^.^=) gato
Você pode encontrar mais *emoticons* nos endereços:
www.traviscarden.com/guides/emoticons.php
club.pep.ne.jp/%7Ehiroette/en/facemarks/body.html#character
en.wikipedia.org/wiki/Emoticon

28

BLOGS E FLOGS

Log quer dizer diário. Weblog é o que diz a palavra: um diário na Web. Se o conteúdo principal é composto por fotos, o diário leva o nome de fotolog, fotoblog ou simplesmente flog. Tecnicamente, um blog é uma página de internet preparada para receber conteúdos (seus dados pessoais, seus textos, suas fotos etc.). A grande vantagem do blog é que ele permite que você monte seu site sem usar linguagens de programação (HTML, PHP, ASP...), além de não ter de pagar os custos de provedor, manutenção do domínio etc. Todas essas facilidades transformaram o blog em uma excelente ferramenta para qualquer pessoa expor suas ideias e, em alguns casos, debater essas ideias. Assim, adolescentes apaixonados, empresários interessados em saber como a comunidade avalia sua empresa, jornalistas e artistas que buscam outro canal de comunicação, viajantes que fazem um diário de bordo, todos adotaram o blog.

E os diários, que costumavam ficar escondidos debaixo do colchão, foram respirar o ar da internet.

Se você tem algo a dizer, entre em algum destes sites:
wordpress.com
www.blogger.com
www.flickr.com
www.videolog.tv

Axo q vc ja dv ter lido algo dss tp. naum entendeu??? rsrsrs. eh assim q se tc hj em dia D+ neh. mto bjs. t+

INTERNETÊS

Conversar teclando não é fácil. Exige prática, e, em nome da rapidez, fatalmente, algumas palavras acabam abreviadas. As opiniões sobre essa prática se dividem, alguns usuários sentem orgulho pela "invenção" de uma nova língua, outras pessoas ficam indignadas com o desrespeito à língua pátria. Eu prefiro fazer uma recomendação: não deixe que suas ideias se percam pelo uso de uma linguagem inapropriada. De resto, se a comunicação funcionar, **tc** à vontade.

Mais do mesmo:
pt.wikipedia.org/wiki/Internet%C3%AAs
www.arlindo-correia.com/100602.html

NETIQUETA

Etiqueta, aqui, diz respeito a um conjunto de regras de conduta. Nada de novo: não coma com a boca aberta, não ponha os cotovelos sobre a mesa, e outras tantas recomendações que pais, professores e pessoas mais experientes costumam fazer aos que vão chegando, novinhos, aos ambientes coletivos. O objetivo não é pegar no pé de ninguém, mas criar condições melhores de convívio. A internet, como ambiente virtual, não deixou de lado esse cuidado e criou seu próprio conjunto de recomendações. Aqui vão, como exemplo, algumas regras básicas para e-mails:

Não escreva e-mails em maiúsculas, isso equivale a falar aos berros. Não anexe arquivos muito grandes sem autorização do destinatário. Não envie lixo postal (*spam*).

Alguns manuais de netiqueta detalham cada operação possível no envio de um e-mail, mas prefiro um que resume todas as regras numa só: "Use o bom senso antes de enviar".

Mais regras:
www.icmc.sc.usp.br/manuals/BigDummy/netiqueta.html
www.clubedoprofessor.com.br/recursos/listas/etiqueta.html
www.estudar.org/pessoa/internet/01internet/netiqueta.html

ECOLOGIA

Em 1492, em pleno período da Corrida de Caravelas que envolvia Portugal e Espanha, Colombo chegou à América, que ele julgava ser a Índia. Desfeito o engano, a notícia que correu a Europa falava da descoberta do Novo Mundo. É fácil imaginar a empolgação, a esperança e a expectativa que essa notícia criou.

É curioso que justamente um fato da corrida ao espaço, o lançamento do Sputinik (1957), tenha dado início ao que viria a ser, 34 anos depois, a internet. Miraram na Lua e acabaram acertando outro mundo novo, um planeta virtual, imagem espelhada do planeta Terra.

De novo o Mundo Velho se encheu de esperanças e expectativas em relação ao Mundo Novo. Em poucos anos, foram construídos bilhões de páginas, que são acessadas por um número sempre crescente de usuários. Hoje, o mundo virtual está tão integrado ao mundo real que eliminá-lo seria tão inconcebível quanto tirar a América do mapa. Toda essa comparação histórica é só para alertar que os mundos novos trazem tesouros inexplorados, possibilitam o florescimento de novas ideias, ampliam os horizontes dos homens, mas são muito frágeis diante dos erros antigos.

A natureza imaterial da internet pode gerar confusões de uso. Para citar algumas das mais comuns:

VOCÊ JÁ VIU UM VÍRUS?

"O melhor remédio para a prevenção é a informação." Essa dica poderia ter vindo do Ministério da Saúde ou das Comunicações. De qualquer modo é bom segui-la, pois, quando se trata de vírus, o estrago pode ser muito grande, tanto nas pessoas como nos computadores.

O que é terrível a respeito de um vírus de computador é saber que ele foi criado por uma pessoa para destruir o trabalho de outros. Guardadas as proporções, leva alguma semelhança com um tirano doido provocando uma guerra bacteriológica.

No nosso dia a dia de usuário, o que podemos fazer é prevenir. Então, lá vai a informação:

Os vírus se propagam pelos arquivos anexados e entram em ação no momento em que abrimos esses arquivos, portanto, nunca abra arquivos vindos de fontes duvidosas, principalmente arquivos com as extensões: exe, com, scr, pif, bat, doc.

Use com frequência (a cada dois ou três dias) um programa antivírus; mantenha-o atualizado, pois os vírus se renovam diariamente.

A propósito, se você nunca viu um vírus, saiba que ele é um "programinha" que se instala no seu computador e se espalha, deixando a máquina "doente". A semelhança com o vírus vivo não poderia ser maior.

✪ usar conteúdo de sites como se fosse criação sua, seja em trabalhos para escola, seja para obter lucros. Essa prática, além de ser antiética, não lhe trará conhecimento algum;
✪ abusar da facilidade de comunicação, espalhando lixo digital pela rede, seja em caixas postais, em blogs, comunidades etc.;
✪ praticar atos de vandalismo, como disseminar vírus e invadir computadores, por puro espírito de aventura.

Práticas como essas trazem medo, desconfiança e perdas consideráveis para um mundo que mal chegou à maturidade. Parte do estrago já está feita, os computadores já se veem cercados por *firewalls* e vigiados por antivírus, antipop-ups. A persistência em práticas destrutivas poderá gerar apenas mais um mundo onde as riquezas do conhecimento e da informação ficarão "muradas", trancadas e inacessíveis à maior parte da população de carne e osso.

Ainda não é assim.

Cuidemos para que a internet prossiga como o espelho das coisas boas que o homem pode criar e partilhar. Ou cuidemos de ir para Marte.

ESPELHO, ESPELHO NOSSO

Em vários momentos deste livro, falamos da internet como uma imagem espelhada (imagem virtual) do mundo real. Ora, um espelho não faz distinção entre o belo e o feio, reflete os dois. Assim acontece na internet: ela espelha o que há de melhor e de pior no nosso mundo.

Há caminhos que o levarão ao melhor da ciência, arte, filosofia; outros desembocarão em milhões de páginas vulgares, cheias de vaidade, vazias e sonolentas; muitos caminhos estarão ladeados por luminosos gritando "COMPRE, COMPRE, CLIQUE, CLIQUE"; e muitos outros o levarão às piores ideias e práticas do homem: pornografia, racismo, obscurantismo, exploração do homem pelo homem.

Está tudo lá. Está tudo aqui.

Ligue seu computador, estabeleça sua conexão e boa viagem.

Só não se esqueça de que agora você tem dois mundos para usar e preservar.

Use-os com sabedoria.

31

GLOSSÁRIO

Ábaco – Antigo instrumento de cálculo, formado por uma moldura com hastes paralelas, cada qual com dez contas móveis.

Antipop-up – Recurso dos browsers que impede a abertura de janelas sobrepostas *(pop-up)* às páginas do site, janelas normalmente usadas com fins publicitários.

Backbone (espinha dorsal) – Infraestrutura formada pelas linhas de comunicação e o hardware de transmissão e de recepção para acesso à internet.

Cache – Parte da memória do computador que armazena dados requisitados frequentemente; aumenta a rapidez de acesso.

Chip – Circuito integrado. Dispositivo eletrônico de dimensões reduzidas composto de muitos milhões de componentes interligados. Um exemplo de chip é o microprocessador dos computadores.

Cookies – São pequenos arquivos criados pelo browser a pedido de um website visitado. Quando se visita de novo o mesmo website, o servidor identifica o *cookie* e comunica que o internauta (na verdade, o computador) já o visitou antes.

Design – Desenho com um propósito. Projeto. Desígnio.

Download – Transferir arquivos de um site para o seu computador. Também se diz: "baixar" os arquivos.

FAQ (Frequently Asked Questions ou Perguntas Frequentes) – Área do site em que as perguntas mais frequentes relacionadas a um serviço, produto ou ao próprio site são previamente respondidas.

Firewall – Programa ou equipamento cujo principal objetivo é controlar o acesso a uma rede privada. As empresas utilizam o *firewall* para barrar a entrada de intrusos em suas redes internas conectadas à internet.

Freeware – Programa de computador *(software)* distribuído de graça. Geralmente tem código fechado e comercialização proibida. Diferentemente do *software* de domínio público, o autor do *freeware* mantém os direitos autorais sobre o programa e pode impedir a sua modificação ou comercialização.

Intranet – Rede de computadores, geralmente utilizada em empresas, que funciona de forma semelhante à internet, porém é de uso privado.

kbps – Abreviatura de *kilobits* por segundo. Essa é a unidade de medida da velocidade de transmissão da informação (bit).

LAN (Local Area Network) – Uma rede de computadores localizados em uma área relativamente pequena.

Modem (sigla para Modulator/Demodulator) – Equipamento que transforma os sinais digitais do computador em sinais analógicos que podem viajar por uma linha telefônica e vice-versa: sinais analógicos são convertidos novamente em informação digital, tornando possível a conversa entre computadores pelo "telefone".

Newba – Usuário novato. São identificados quando cometem erros básicos no uso de serviços (e-mail, *chat*, fóruns). A melhor forma de não passar por *newba* é inteirar-se das regras de uso do serviço (netiqueta).

Portal – Site que reúne e organiza serviços, informações e acesso a outros sites, servindo como ponto de partida para a navegação.

Shareware – Programa de computador *(software)* distribuído para avaliação e uso gratuito por tempo limitado.

Spam – Envio indiscriminado de e-mails comerciais não solicitados.

Tipos móveis – São como pequenos carimbos de caracteres (letras, números…) gravados em blocos de madeira ou chumbo. Os tipos são agrupados para formar palavras e frases. O conjunto final forma um grande carimbo, com um texto completo, que poderá ser impresso várias vezes. Terminada a impressão, o carimbo é desmontado e os tipos podem ser reutilizados.

Token – Conjunto de bits que traz algum sentido. Se pensarmos no *bit* como uma letra, o *token* seria uma palavra.

Upload – Transferir arquivos do seu computador para outro computador ligado à rede.

WAP (Wireless Application Protocol) – Padrão internacional que permite que os usuários acessem informações e a internet por equipamentos sem fio *(wireless)*, como *laptops*, celulares e *pagers*.

Wi-Fi (wireless fidelity) – Tecnologia de comunicação sem cabos ou fios. A transmissão é feita principalmente por frequência de rádio e ondas de infravermelho. Os locais onde tal tecnologia – também chamada de internet sem fio ou *Wlan* – está presente são chamados de *hotspot*.